BENITO PASTORIZA IYODO

ELEGÍAS DE SEPTIEMBRE

Prólogo

por

Estela Porter Seale

EDITORIAL TIERRA FIRME

Pintura de portada por Patricia Calderón

© Copyright
Derechos de autor
Registro Público
03-2003-080812044300-14
ISBN: 970-93394-1-9

Prólogo

Benito Pastoriza es sin duda, uno de los más destacados exponentes de la expresión poética posmodernista. Observador atento de una realidad opresiva y decadente, emplea la basta gama de emociones humanas para crear una explosiva y sensual poesía que confronta pero que no impone soluciones. La originalidad de su construcción idiomática, los vocablos al servicio pronto de la forma, sus múltiples giros y licencias, e incluso los agudos neologismos de que este genial poeta se vale para crear imágenes y evocaciones, recurriendo al proceso exhumatorio de acepciones olvidadas para lograr una expresión ideológica siempre intensificadora, son tan sólo un recurso técnico en la construcción de su estructura poética.

Elegías de septiembre, sobre todo a raíz de los sucesos recientes que han sacudido al mundo entero, pareciera una obra de corte profético con tintes formales grecolatinos. Sin embargo, cabe decir que esta antología es una colección elaborada a lo largo de un periodo de quince años.

Bien se ha dicho que el poeta es como un espejo que transita por el camino, reflejando la majestuosidad y la belleza del firmamento pero también las charcas y los pantanos. En publicaciones anteriores, Pastoriza se ha ocupado del tema amoroso y de las múltiples facetas y posibilidades expresivas de ese exuberante compromiso existencial que nos lleva a salir de un yo mezquino y limitado para establecer, al menos como intento, una comunión con el otro. Fenómeno típicamente humano que por lo mismo, es un proceso siempre bello y enriquecedor, independientemente del dolor inherente que éste a veces conlleva.

El presente poemario es una muestra exploratoria de signo contrario, una visualización de los pantanos en los que se ha sumergido el hombre. Es, al decir del propio poeta, "un libro del desamor, de la traición del hombre al hombre mismo, de la desacralización de la inocencia y de la naturaleza; un texto entrópico de destrucción y de aniquilamiento masivo", en el que una dialéctica cuidada, genera una vívida tensión que funge como el hilo conductor que da cohesión a toda la obra: amor-indolencia, abundancia-miseria, vida y orden-guerra y caos.

Hay en esta obra una añoranza sensual, especie de juego creativo de una inteligencia implacable que renuncia al silencio al cual equipara con una forma de complicidad.

Un tema que preocupa a Pastoriza además de

la destrucción y sus efectos nihilistas, los cuales menoscaban la dignidad esencial del hombre, empobreciendo sustancialmente a su entorno, es el de la pérdida de la intersubjetividad que nos lleva a "ver sin percibir", a ignorar al otro y a los otros. Sólo así podemos comprender a estos seres UVfiltrados que pululan por las playas, con ánimo impasible ante la afrenta de un océano de aguas negras, cubierto por un denso manto de aceite, delineados por el autor en el poema "Estética marina", o en el parloteo parvulario, en donde los personajes intentan llenar el vacío aunque sea tan sólo con palabras, lubricando su inconsciencia con anestésicos etílicos, como se nos muestra en "Buena conversación", poema en el que se condena al seudo intelectualismo propio de tantos espíritus eriales, característico de nuestros tiempos.

"Este libro nos ofrece un análisis filosófico-poético de los mecanismos destructivos en contraste con sus antónimos, las fuerzas de la creación", afirma el poeta, quien rompe así, definitivamente, con un escepticismo radical. Hay en su decir mucho de desgarro y de desolación, sin embargo, hay un vestigio de esperanza para el autor, el cual consiste en la aportación de una solución activa por parte del lector de esta presentación.

La estructura tríptica de *Elegías de septiembre: Natura Viva Natura Mortua, Paupertas Venit Paupertas Manet, Bellum Venit Bellum Manet*, titulada en latín, así como la proliferación temática de "los clásicos" cumplen con una función dual: señalar que estos asuntos han sido, desde antaño, material de análisis socio-político y para destacar que la mutabilidad, característica vital, sustentada por algunos de los filósofos presocráticos, es empíricamente inadmisible, de hecho, en esa ilusoria dinámica de cambio, puede llegarse a la muerte de la naturaleza y al establecimiento permanente de la pobreza y de la guerra, aspectos fanáticos irreversibles.

La globalización de la miseria como hecho predecible y por lo mismo evitable, no es aquí tan solo un asunto de cartera, sino el de un empobrecimiento del hombre, del medio y del espíritu que anima a este planeta, mientras que a los niños, víctimas inocentes de este tóxico delirio, les ofrecemos un mundo revuelto por la codicia, la estupidez y una indiferencia irresponsable. En los poemas "Para toda una vida", "Una niña", "El niño lleva un mundo en su mochila", entre otros, se palpa una especie de energía trágica, una desconsoladora tristeza y un hastío generalizado, acompañado de un profundo sufrimiento.

En el intertexto de esta antología, magnificando su riqueza, se insinúan presencias, al estilo de los coros en las tragedias griegas, conformados por poetas como El Dante, Mallarme, Poe, Baudelaire, Góngora y García Lorca.

La síntesis del pensamiento poético de Benito Pastoriza en esta obra, podría describirse como una tesis condenatoria al racionalismo optimista de Leibniz, según el cual, "el nuestro es el mejor de los mundos posibles" y contra toda forma de individualismo extremo que menoscabe la posibilidad de una coexistencia armónica con los seres, con el mundo y con las cosas.

Estela Porter Seale

A Rose Mary Salum,
Por la magia de su esperanza

I. NATURA VIVA NATURA MORTUA

La naturaleza tiene horror del vacío

Descartes

descubrir noches pintadas por poetas
bardos viejos de la antigua historia
es verse en los amaneceres de la euforia
que desconociendo van el nuevo pentagrama
de los colores matizados
por lo que santos de los santos
han denominado
lo coloro de lo incoloro
el misticismo de la transparencia
el blanco que ve su blancura
el rojo que entiende su carmesí
el verde reverdecido
en el helecho del jardín
toda la sutileza de un horizonte muerto
tragándose en la paleta del espectro
en una noche de lunas llenas
astrológicas
y perplejas
desanimadas en el sentir
con letras iluminadas esporádicamente
un tanto a la imitación neohumana
un tanto conociendo el mito
de las lluvias en primavera

SERAC

el barrio arrozado
se recrea en la sombra
de un horizonte profundamente
gris
más que sumido en la nieve
del espanto
espacio invertebrado de colores
donde lo inhabitado
de la esquela humana
crea susurros de profundidad
cuán de silencios ladridos
quemados por copos multiastrales
cellisca del crudo invierno
dendrita espacial del universo
circo glaciar del acantilado
de un pueblo viejo

he vivido
los colores
de lo irreal
sustancialmente
he tragado
lo incoloro
de estrellas matutinas
lanzadas
de par en par
y acá
en el poniente
quedan estáticas
desalumbradas
recogidas en el manojo
de tu calma

los girasoles
giran multidimensionalizados
colores en devenir
fantasía
de lo incoloro
rojo
amarillo naranja
topacio de la mañana
plasmado en tu mano
pétalo dedo a dedo
que se han ido deshojando
sobre tu frente
encendida de verano

he sentido el cielo
a los pies
casi descendiendo
vaporoso
cada partícula
hecha agua
de una tormenta de lluvias nuevas
copiosas llenas de rabia
para saciar la sed
infinita de la tierra
que en un verde de esmeralda tranquilo
va transformándose en sauces llorosos
para pintar el ala azul
de los pitirres que se ahogan en el lago

VARECH

claudea elgans elevada pluma de luz
ulva lattissima sauce de cedro
saccorrhiza bulbosa tentáculos de hechicera vieja
glassopteris lyallii medusa aterrada
rhodymenia palmeta brécol en flor
fucus vesiculosus arrecife petrificado
nitophyllum crozieri claudea elgans en solo
padinio pavonial precisamente pavo macho sin color
macrocystis pirifera alfileres de la corona etrusca

RELATIVO GONGORIANO

esporádicamente crear hojas amarillas
de la trasluz homosapiens invertida
es cosa relativa al tiempo de los muertos
cosa relativa al destino del caos planeado
pero
detenerse mermelado en tonalidades
crescendo de la majestuosidad natural
es descubrir una mentira descabellada
más que nada mentira paralela a sí misma
un helecho colmado en su asedio de abril
la rosa perpetua de sombra anacarada
el canto del pájaro repetido al unísono
la espina del reptil bañada en sangre
un concierto gongoriano de sentidos
un acierto de la rabia tan bien conocida

la fiebre sabatina de los pájaros
lanzándose de punta
en la bahía hueca
del reino de los peces
donde se enerva
el sentimiento traumatizado
de tanta vida marina
tragada por la inconsistencia
del aire hecho agua
de agua convertida en muerte
en un inmenso charco gris
cementerio cotidiano
de la fauna
que baila en la paranoia
de su fiebre sabatina

BLUE JAY PAIXÃO DE VÔO

para Estela Porter Seale

the drop falls immaculate
into the perennials of red
pájaro azul jay of the night
sí más bien diré que sí
la gota cae inmaculada
por el desliz de tu cintura
apasionada transparentada de luz
y allí se deposita
desprovista de sueños
que le recuerden
que es mero sudor
mero trabajo de amor
una epidermis que en ti se enciende
como canto de las llamas florecidas
para recordar la fuerza la fuerza
de tus manos
de tus músculos
la pureza de tus dedos
que martillan con la furia
de un carpintero joven
del carpintero que construye
la cerca que divide los patios
las propiedades las divisiones

y allí pájaro azul jay of the night
se establece en su vuelo de pasión
observando tu labor de hombre
de humano que bien se conoce
las líneas las separaciones
las fronteras de Robert Frost
good fences buenos vecinos
y el pájaro anonadado en su vuelo
salta de cerca en cerca
hasta llegar a ti
hombre que construyes
cercas propiedades
y te mira de frente
bien de frente
esparciendo alas
azules y negras
y le sonríes como cómplice
de una sola palabra
de una sola frase
que tú bien conoces
hombre que construyes
cercas y propiedades

la tierra posee sus estrellas
atadas y bien contadas
en un cielo purísimo raso
de azul reluciente nacarado
ante un subsuelo marino
mítico de leyendas nuevas
y allí en espera del canto
amado milenario de sirenas
la luz logra fundirse de ébano
fundirse de coruscante asecho
pero cuidado harto cuidado
con la estela de la muerte
de un petróleo que se cuela
como una culebra
como una serpiente
por el talud continental
por las olas por las ondas
para ahorcar el átomo del agua

ESTETICA MARINA

los pelícanos nadan en la doctrina estética milenaria
buscando la clara transparencia de la bahía en luces
para encontrarse con un mar de turistas engomados
mar de Copper Tone Banana Boat Clinique SPF 30+
este mar de aguas negras que se presume de todos
solo triste poseído por vergüenza mayor a la suya
por una inmensa estela de petróleo rojo azabache
flotando tranquilamente como espada luminaria
cuánta alegría de aceite peces muertos a la orilla
gaviota alcatraz espátula ibis cuervo marino garza
de todos como en botica alguno más que muerto
acompañados por latas de cerveza botellas de ron
mucho plástico enredado en lo finísimo del cuello
ennegrecido en lo profundo de su existencia marina
la estética de la bahía se viste de un nuevo color
lo incoloro tétrico del mar se refleja en la mirada

los faroles marinos de la mañana
juegan horizontalmente
en el vértigo oceánico
de una transparencia verde
estimulando el danzón
de los días contados
engaño de luz y piedra
donde las algas se arrastran
en el meridional de la muerte
trueque de plata dorada
embebida en el sótano
de la noche

la mermelada de nubes explotadas
baña la metrópolis en un infierno
de fuegos agomados
en un lento derretirse
de aceites caldosos
como un Dalí derramado
en la espesura de la noche
queriéndose abrigar
en las entrañas de la tierra
el cielo
acapárase a sí mismo
ya hecho volcán de Vesubio
ya hecho huracán
en el golfo de
Batabanó

Y COMO FUE QUE DIJO

se desprende el lirismo
de su cadencia matutina
atándose al último rayo
orféico solar de estrellas
sin promesas de mañana
ni cantos hoy en zumbidos
hay que amarrarse bien
los dedos sucios las manos
para contar los astros y
cómo fue que dijo los
astros a lo lejos los astros
en el infinito para quitarse
la máscara y ver la larga
larga línea roja derretirse
por la nieve gris del crimen

EN ROJO

amarga piel enrojecida del universo
quejándose a diario en horas largas
de su epidermis llagada en costras
como si no estallasen los síntomas
como si todos estuviésemos ciegos
sólo viendo miles de lunas negras
antes de la despiel la inocencia
la caída de la bondad severa
nadando en una luz perpetua
donde no creía verse la pena
pero aquí ahora bien entonces
la verdad la nueva verdad
la vieja verdad del hombre
la enfermedad del hombre
amarga piel del universo
a ti misma véncete rendida

II. PAUPERTAS VENIT
PAUPERTAS MANET

La riqueza me hizo pobre
Ovidio

los músicos callejeros nadando en la oquedad
de una juventud minimizada en acordes de centavos
evocan un Strauss metamórfico atrapando lunas marinas
océanos perdidos con lagos claros de cisnes muertos

en un violonchelo viola violín contrabajo cuarteto
que le canta aúlla a la miseria diaria que trafica
cuarteto puramente ignorado por las hormigas humanas
permite que el son de tu fe continúe en sí mismo

permite que las lluvias en torrentes de maldad
no ahoguen los argonautas que tanto hieren las cuerdas
el toque sutil de Chopin Brahms Strauss Debussy

arrastrándose en polvo dorado por las sucias aceras
qué de las penas sentidas ignoradas por los bardos
qué de la muerte martillada en las tablas de la nota urbana

BLUES

se cuelga la nota azul en el silencio
exigiendo mañanas de rendición total
mañanas de asunción con un WCHardy
en espera lenta del encuentro matutino
de cadencias con Leadbelly Ma Raivey
John Hooker Billy Holliday Ella Fitzgerald
cantando a la muchachada al público exigente
del intenso azul de un ritmo ciertamente
agarrado por la tragedia sin par de la calle

place tener que sentir
la música apagada
el blues muy lejano
la danza tan de cerca
el bolero suavecito
el violonchelo en el fondo
mirarse en el riachuelo
y reconocerse de risa
en la torpe muchedumbre
que ha conocido
el desfile de los payasos
el baile de los enamorados

UN NIÑO

un niño suave tejido en rizos de barro
rizos de escorpión rizos de telarañas
ha visto la visión de lo verde nacer
cerca de su leve costado en puños
anudado a cada aparente origen
torcido en geométricos ostionoides
de un supuesto relieve casto de arenas
de una pureza más que inventada
por el hombre que se televisa en corbata
en camisa blanca planchada de Gucci
niño que se va tragando la miseria
en que vive orina crece muere
un niño tejido en rizos de barro
más bien comiendo vomitando nadando
un niño de rizos escorpión
un niño de telarañas
en el fango de la desgracia inventada

UNA NIÑA

un viejo dolor es una niña huérfana
descubriendo la cotidiana mentira
de un hambre de agua con azúcar
casi descalza por los barrios de Lima
los cerros de Caracas los ranchos del DF
los arrabales de Tegucigalpa los caseríos
de La Paz San Juan la mugre de la pobreza
en un Buenos Aires querido en un Santiago
que tanto se odia se ama por la miseria
de las miserias en Quito en Asunción en Río
con las favelas hasta las narices una Habana
en desecho un Santo Domingo muerto
una Managua arrastrándose en las ruinas
una Ciudad de Panamá ahogada en drogas
un San Salvador en pura purita desgracia
Guatemala Ciudad bomba viene bomba va
Montevideo en el panorama del infortunio
un viejo dolor es una niña huérfana
descubriendo la cotidiana mentira
atando todos los horizontes perplejos
coloros incoloros agazapados de muerte
al viejo arco iris al arco iris de la esperanza
siempre desnuda siempre desnuda

EL NIÑO LLEVA EL MUNDO EN SU MOCHILA

el niño lleva el mundo en su mochila
un niño rubio de ojos sutilmente azules
lleva al mundo con una cara despintada
con una tristeza arrancada de la tristeza
lleva en su cara polvo gris de las ciudades
el niño lleva su mundo en la mochila
pasta de dientes toalla sucia pantalones zurcidos
camiseta que dice Magic Kingdom Disney World
un oso peluche negro que se encontró en la basura
calcetines de anteayer calzoncillos que no llegan a mañana
y la luna llena anaranjada está plantada en el cielo
como un gran obelisco inventado por los dioses
y a lo lejos se dibuja la fuente de hermosos colores
jardines con rosales jardines con jazmines
el parque es una preciosidad de banquetas antiguas
con su hierro fornido labrado y bien decorado
el lago la inmensidad del lago la transparencia del lago
los cisnes en el lago los patitos negros en el lago
y la noche terriblemente estrellada de azulejos
con el niño agarrado al peluche negro
que mira a su padre de una barba larguísima y blanca
que mira a su madre de un vestido descolorado y viejo
preguntado qué somos en este mundo de pesadillas
destechados desahuciados vagabundos homeless
que más da el término si el hecho es el mismo

aquí solitos bien solitos miramos el mundo pasar
la señora señorona con su gran sombrero de domingo
el gran ejecutivo con celular a la mano resolviendo el mundo
la pareja gay con su perro perrito de juguete
el corredor trotando las plateadas aceras a ritmo de rap
la puta fina que no debe ser descubierta por la poli
los niños hermosos vestidos en hilo blanco
las niñas lindísimas vestidas en rosado antiguo
las parejas de enamorados bien enamorados
y el niño busca en su mochila el mundo que le ha tocado
una sábana desvencijada una almohadilla que da vergüenza
para dormir dónde cuándo cómo y con qué propósito
porque la ley estipula claramente que en los parques
no se ha de recostar el cuerpo horizontalmente
que es una multa grave de cárcel o 500 dólares
por lo tanto hay que verse normal más que normal
hay que pasar por desapercibido otra familia en el parque
otra familia más que feliz demasiado feliz en el parque
le explica le aclara le recuerda su padre su madre
el niño que lleva su mundo en la mochila
no entiende de leyes ni reglas ni patrones
sólo ve el cisne deslizándose ligeramente por el agua
los sauces los pinos los ciprés los robles ensombrecidos
y él con un sueño profundísimo de lejanas estrellas
con un hambre vieja y pesada casi milenaria
y su madre y su padre pellizcándolo que no se duerma
que mire a los patitos que juegue con su oso negro

que mire a la gran luna anaranjada llena
que busque su mundo en la pequeña mochila verde
pero que por favor no se duerma
por favor no se duerma
no se duerma

un ojo ha visto la pena de la locura
tirarse por el mundo más que descalza
rogando limosnas en cada esquina sucia
prostituyendo la piel de la cintura agria
elaborando el deshacer cotidiano como si
aquello fuese humana tristeza de centavo
greñas largas de pacotilla en segunda
demencia gris extendida por las nubes
la loca del barrio el loco borracho del bar
que fácil decirlo sólo más que decirlo
cuando muy cómodo se sienta ante el sofá
la novela la telenovela para vivirla bien
balanceada cordura de la buena vida
mientras la locura se hace locura
y la muerte se nos cuela por los recovecos
de la conciencia tejiendo la trampa de la vida
de un acervo más que rendido en cuentas

una noche de invierno de frío invierno
desde la ventana rota de azulejos nuevos
una vela una alcoba una recámara vacía
una frazada un edredón una almohada
unas botas viejas unos calcetines negros
he visto un hombre llorar solo con su pena
bien solito que lloraba con tanta lágrima
que harto le sobraba para que la humanidad
llorase con él en aquella esquina despiadada
la esquina donde la basura del hombre moderno
le llega hasta el cuello de la desgracia humana
la nieve naranja más bien una nieve roja de sangre
bañaba su rostro bañaba el pecho bañaba la cintura
y el hombre se quedó quietecito bien quietecito
esperando que la muerte se le filtrara por los codos

BUENA CONVERSACION

la sarta de idiotas se han reunido
para festejar sus bellas estupideces
filosofar Platón Sócrates Descartes
hablar literatura Sartre Shakespeare
comentar arte ultra postmodernismo
criticar música mira Chopin que bonito
comúnmente se entregan al fino delirio
astrológico sin par de sus existencias
eres aries cáncer yo escorpión piscis
mi luna leo sabes sagitario ascendente
mucho refinamiento nada de fealdades
cómo te llamas mira que lindo tu nombre
como mítico como mitológico como mm...
atándose alcohólicamente atontados
a una vodka un ron un tequila un vino
y comentan que bien la están pasando
que bueno ha sido el hermoso destino
que bien hemos planeado nuestras vidas
y que lindo la estamos pasando

Y ¿CÓMO FUE LA COSA?

será tanta miseria desgracia
una casualidad que nos cayó
de puritita casualidad del cielo
porque la pobreza del espíritu
porque la pobreza del centavo
no nos llegó gratuita tan fácil
alguien se la habrá inventado
alguien la promulgó a conciencia
o simplemente se nos dio así no más
porque así son las desgracias del hombre
las entrañas de la conciencia me dicen
que así no fue la cosa la cuestión en mano
alguien dijo aquí te parto la vida
arréglatelas como tú puedas
éste es tu problema y no el mío
más aún con tanta sobrada penuria
en el mundo de la intransigencia
no puedo evitar la terrible tentación
de sentarme frente al río de azulejos
y mirar tanta agua real esplendorosa
descubrir la profundidad métricamente
con ojos de pez sereno como quien no vio
la guerra la miseria el hambre la muerte

contarme unas falacias de ayuno temprano
unas mentirillas de humano arrepentido
al punto en son y descubrir el hecho
de la desgracia un tanto borrado

aúlla una pena lentamente
a torrentes de esófagos
y estómagos vacíos
porque el hambre
de los pueblos nuevos
sigue bien presente
calando en la miseria
del hombre moderno
como si pudiese morder
la tristeza la amargura
en tres cantos de dolor
despedazándose la vida
nota de cada fuego
nota de cada ser
consumiéndose en el oprobio

COLOMBIA, BRASIL, INDIA, ETC.

diría hoy se ha violado el alma
de un niño cruzando la calle
la sucia esquina de la desgracia
atado glacialmente terriblemente
a la tierra a la humanidad al suelo
que lo presenció en el espacio
en el contorno de su cuerpo
y rasgó la traspiel del niño
para asegurarse que quedó
bien muertecito bien muertecito
y allí durmió violado ultrajado
desmembrado dije desmembrado
una infancia quebrada en puntos
una secuela bien tramada
un tiroteo de las cabezas
el rompecabezas de la inocencia

III. BELLUM VENIT
BELLUM MANET

Que haya un cadáver más, ¿qué importa al mundo?
Espronceda

UN MAPA QUE DE SUR SE ME REQUIEBRA

sentándome estoy con un costado de pretéritos
bordando si acaso unos futurismos de espectros
con un pentagrama de colores en sombra
pero cómo no sentir la desgracia medida
el orbe que pierde su cause de siglos
en una pena tintada de gris naranja
cómo no entregarme a la lágrima sucia
de la esquina de la calle cualquiera
acaso cómo no hacerlo sin un espejo
bien enterrado recordando la mentira
la historia de las historias
la mentira de las historias
mirando un mapa que de sur
se me requiebra por las esquinas
un mapa suelto cortado
por el ombligo de su madre

hemos conducido verdes horizontes
por nuestras vidas
algunos por preferencia
han sido rojos
hemos colmado en cada alegría
una tristeza
una región de vida
que muy bien
no podría ser nuestra
pero nos seguimos
desuniendo en cada tiempo
ennegreciéndonos
en cada cristal de vida
cosa de que el tono
siga tierra
tierra quevediana
tierra de pena

LA COSA NO ES CONMIGO

presumir de viento
con raíces alocadas
con parámetros desalineados
presumir de viento
con sueños amontonados
presumir de viento
para arrojar el odio
para arropar el miedo
para no comprometernos
presumir de viento
para una vez más
recordar
la urgencia
descabellada que tenemos
de seguir
viviendo

EL AYUNO

relativamente ayuno días de pesares
para tostar y tragarme la esperanza
con mermelada de mucha ignorancia
asesinarla de a poquito poco a poco
con dos tiros que duelan en exceso
o acaso tres para dar con el acierto
digerir la felicidad la alegría la fe
no es el lema constante del día
más bien el cúmulo de agravios
en el tórax parece tomar un desvío
y recetar con gran sabiduría de siglos
tres toneladas de dolor
para el mundo
por cada día
por cada guerra
por cada ser

caminar hacia la barca hacia el barco hacia la lancha hacia el bote hacia el velero hacia el buque de guerra tomar el pedal tomar los remos tomar las velas tomar las armas navegar con rumbo donde presientas el conflicto guiándote por las estrellas por el poniente en una circunferencia de 400 metros más bien 500 metros para estar seguro y pensar en la nube que tienes que observar en la estrella en la luna llena que te ha de orientar la brújula el sonar el radar tirar el anzuelo que vengan como pececitos inocentes ignorantes de toda culpa de toda maldad disparar diez mil misiles terriblemente épicos boom boom boom y cantar profundamente aleluya aleluya he triunfado alcanzar el timón para ponerte a bogar hacia los colores incoloros seguros de la patria la gloria de un puerto que ha nominado gigante del mundo y gritar a vivas con mucha fuerza pulmón adentro que muchas mujeres que muchos niños que muchos viejos que muchos hombres que muchos inocentes he requetematado

EL PLAN TORCIDO

bueno he sido con todos los males de males
que pisando siento debajo de las suelas en lodo
las calles grises sucias empobrecidas destartaladas
llenas de odio de guerra de hambre vergonzosa
devuelven el suspiro un aliento torcido de pesares
pisando voy la sangre sobre la tierra de los muertos
los cadáveres de los niños la niñas violadas porque sí
porque nos dio la real gana de hacerlo somos machos
soldados machos bien machos más que machos con
fusiles bayonetas dagas puñales granadas ametralladoras
para matar a los hombres dejarlos bien muertecitos
porque se nos torció el plan altruista de los altos montes
porque ahora somos los asesinos las violadores la escoria

BRAVURA

los movimientos delfinizados de los mártires
que se abren las venas hasta sangrase de pena
van conociendo cuanta mentira descabellada
nos hemos inventado para acallar la verdad
de las verdades que sólo ellos presentían
Martin Luther King Rosa Parks Malcom X
César Chávez Rigoberta Menchú Lolita Lebrón
abren la puerta roja liberada del tiempo muerto
caminando liberándose en cada gesto de palabra
no sentándose en el asiento trasero de la ignominia
filosofar hasta cansarse en develar la negra trama
hambre más que hambre hasta ver el cielo desgarrarse
bala viene bala va esquivando la muerte en la esquina
prisión de hierro hasta que Dios diga basta y baje el dedo
los rostros entumecidos atrapados de mil mares
callan la agonía de vivir toda esta escoria de alcantarillado
que hemos creado para sobrevivir el deterioro lento
porque el tiempo se ha medido por unos cuantos
por unos cuantos bravos llenos de agallas toscas
por unos que muy bien han conocido la verdad

he tocado la luna con mi ojo izquierdo
de tres maneras he visto el sol mañanero
translúcido transparente trastocado
en una suave hora de cualquier verano
con vientos pasajeros de la noche fría
un día tan hermoso que merece poema
poesía de la más cursi imaginable posible
entonces por qué me empeño en la guerra
en el recuerdo la pesadilla el desaforo
de la bala ensangrentada metida en el pecho
en la panza en la costilla en lo más adentro
de la espina dorsal donde duele tanto tanto
por qué no salvar lo coloro de lo incoloro
convertir la sangre en flor convertir las moscas
que zumban a la mirada del muerto en mariposas
por qué no me entierro en la poesía de la conspiración

lluevo lágrimas
todos los días
antes de ver la
aurora
antes de ver
la guerra
antes de ver
la muerte
pienso en la tarde
de un descontento
de un fuego
de un desastre
y
lluevo lágrimas
todos
los días

PARA TODA UNA VIDA

para Olguita

cuando pienso en su pequeño abriguito de flecos
en los rizos que le caen al hombro
y sus enormes ojos de niña bruja
que me dicen meni bye bye
que me dice que quiere paseo
que quiere conocer al mundo
recuerdo cuánto la quiero
cuánto la quiero
cuánto quiero a la niña
de los pies ligeros
que me abraza con todo su anhelo
que me dice que me quiere
más allá del cielo
más allá del cielo
que me abraza con toda su inocencia
con toda su ternura
con todo su amor de niña bruja
que me hechiza todo
de los pies al pelo
esta criatura de dos pies y medio
que es toda dulzura
un encanto del cual soy esclavo
para toda una vida

para toda una vida
y aquí me siento
ante el aparato luminoso
que me dice me grita
me mata me remata
que el gran edificio del mundo
se ha desmoronado
se ha caído en llamas
en humo en polvo
en gases
con mi niña bruja
con mi niña de los encantos
que descubrió el bye bye de su vida
que se hizo mujer
tan bella tan fuerte tan hermosa tan valiente
en esa gran metrópoli del infiero
que tanto temí para ella
pero ella siempre tan fuerte
tan dispuesta a su bye bye
de la vida
y yo tan cobarde tan débil
queriendo que no dejara de ser
la niña de los rizos
la niña de los ojos brujos
la niña que tanto me quiere
como bien diría ella
tanto tanto tanto

y aquí estoy desolado
apagado hecho un enigma de llantos
que no comprende la vida
no comprende la muerte
no comprende el amor
sólo ve por este odioso luminoso aparato
gente que se tira del gran edificio del mundo
brazos abiertos piernas abiertas bocas abiertas
flotando en el aire
suspendidos en el aire
o acaso la muerte
y yo sin mi niña
sin mi meni bye bye
sin el abriguito de flecos
sin los ojos de brujita
que me digan
te quiero
tanto tanto tanto

COMPRANDO SUEÑOS

vives desolada como un antiguo faro oculto en la selva
donde la guerra quebradiza y ya sin canto
te ve cubierta de ojeras de una nocturna mañana
desayunando tu hamburguesa plástica que se perfora en balas
comprando en gringolandia los regalos navideños
de unos sueños que te inventas a cuesta de sangre en pesadillas
te remontas al combate las bombas el secuestro
porque te acuerdas del tío asesinado
del primo torturado en una noche temprana como ésta
de las veces mil
que corriste a refugiarte en el prostíbulo de la esquina
para no ver la muerte de cerca
para salvar las crías
esos que lloran y gritan con la madrugada
que no comprenden los presentes de un santo gringo navideño
y aquí trasvuelas las horas largas y contadas
trapeando pisos de no sé que corporación omnipotente
que invierte en la muerte de los millones
que conoce del aniquilamiento de tus amigos
del asesinato de tu marido tu hermano
de un humo bélico que se confunde
en los ojos trastocados de un pasado
y este presente que te muerde ferozmente
que no te permite olvidar aquello
resignarte a lo cotidiano de la vida

simplemente comerte este trastorno de alimento
que llaman hamburguesa con queso
pero no
se te requiebra la vida descosida
y la muerte es el comienzo
donde el sitio del dolor se incrementa
con este regalo navideño que se desconoce
en la envoltura de llamas rojas
de una sangre antigua vieja milenaria
de un fuego que te abruma profundamente
de los estallidos de la guerra que no se calla
porque no has llegado
porque sigues allí
con la muerte a tu lado
en este prostíbulo de tiendas de montones
que te refugia para siempre
escapada y atrapada
en la memoria de tu suelo
desmemoriado

ATREVIMIENTO

por qué se ha de repetir el mismo poema
acaso en una simple lectura de vocablos
hojeada de palabras hartas masticadas
en el tórax de una conciencia revestida
el tiempo se futuriza en el sustantivo
como quien va midiendo la vida
relatando necedades del universo
ufanándose en desperdiciar el teclado
prácticamente perder práctico provecho
en escribir líneas didácticas en su punto
y coma interrogación la exclamación
que algo digan que algo expliquen
que en algo se vea la gris verdad
la verdad que ya todos nos conocemos

simplemente no deseamos morir
con poco aire en la garganta
como quien recibe una flor
imprevista de un amante fugaz
cazar cada estrella magnetizarla
en aromas y sentirla muy de cerca
morir deseamos simplemente
humedeciendo los dedos al aire
del que bien dejó algo otorgado
del que bien supo que la muerte
fue meritoria sana bien recibida
de que para algo sirvió

Y ACASO ES EL FIN

hoy como se escribe poesía
simplemente meditar líneas
desembocar un océano
de agravios de muertes
y ver cuál es el resultado
crear ríos de viejas dudas
en las mejillas rosadas
en los ojos tranquilos
que se posan a ver
la televisión el cine
recordando recuperando
que el hambre la miseria
la guerra la pobreza
fue una invención de todos
sembrada bien cultivada
y meditar algo poco algo
sobre estas páginas

INDICE

Esta obra *Elegías de septiembre*
se terminó de imprimir el día 15 de agosto
de 2003 en los talleres de
Editorial Tierra Firme
de Privada de la Providencia 38,
San Jerónimo Lídice,
10200 México, D.F.
Se tiraron 1,000 ejemplares
más sobrantes de
reposición.